SÉNAT

EXTRAIT DU *JOURNAL OFFICIEL*

du 25 juillet 1890

INTERPELLATION

ADRESSÉE

AU MINISTRE DE L'INTÉRIEUR

PAR

M. H. WALLON

SUR QUELQUES ARRÊTÉS DU PRÉFET DE LA SEINE

RELATIFS A LA

DÉNOMINATION DES RUES DE PARIS

PARIS

IMPRIMERIE DES JOURNAUX OFFICIELS

31, QUAI VOLTAIRE, 31

1890

SÉNAT
EXTRAIT DU *JOURNAL OFFICIEL*
du 25 juillet 1890.

INTERPELLATION

ADRESSÉE

AU MINISTRE DE L'INTÉRIEUR

PAR

M. H. WALLON

Séance du 24 juillet 1890

M. Wallon. Messieurs, le but de mon interpellation est d'appeler l'attention du Gouvernement et du Sénat sur les remaniements qui s'opèrent dans les dénominations des rues de Paris.

Les substitutions de noms nouveaux aux noms anciens ne datent pas d'aujourd'hui : la Restauration, le Gouvernement de Juillet, l'Empire, la République en ont donné de fréquents exemples. Pour les noms politiques, cela n'a rien de surprenant ; c'est leur sort commun : paraître, disparaître, reparaître, et il semble que ce soit d'eux qu'Horace qui, en sa qualité de poète, devait être un peu prophète, *vates*, a dit, dans son Art poétique :

*Multa renascentur quæ jam cecidere, cadentque
    Quæ nunc sunt in honore vocabula.*

C'est une loi pour ainsi dire fatale, et il n'est pas bon d'y résister. Le boulevard Haussmann aurait depuis longtemps son entrée triomphale sur le boulevard des Italiens, s'il s'appelait boulevard Victor-Hugo. (*Sourires.*)

Je ne demande pas assurément pour cela qu'on supprime le nom de l'homme dont l'habile administration a doté Paris de ces grandes voies qui font l'ornement et, en même temps, la salubrité de la ville.

Mais les autres noms, même plus obscurs, n'ont guère été ménagés davantage.

Depuis la République surtout, il y a eu comme une sorte de recrudescence de zèle. Les noms des rues de Paris ont été mis, pour ainsi dire, en coupe réglée. On a établi une commission *ad hoc*, la « commission spéciale pour la dénomination des rues de Paris », et j'ai ici un rapport qui a été présenté en 1873, au nom de cette commission spéciale, par M. Beudant, l'éminent doyen honoraire de la faculté de droit, qui était alors conseiller municipal de Paris. On voyait se produire alors les systèmes les plus radicaux, les plus transformistes. On voulait faire de Paris tantôt une image en raccourci de la France, tantôt une encyclopédie, un tableau méthodique de la politique, des sciences, des lettres et des arts. Je lis une demi-page de ce rapport :

« Les uns, et plusieurs de nos concitoyens se sont, dans cette pensée, rencontrés ici, ont émis le désir que l'on fît de Paris une France en raccourci : chaque arrondissement aurait la configuration et prendrait la place géographique ainsi que le nom d'une ancienne province, chaque quartier, d'un département, et chaque rue porterait le nom d'une ville, de manière que, qui connaît Paris, connût la France et réciproquement.

« D'autres, généralisant le système de nomenclature adopté dans le quartier d'Europe, voudraient que chaque portion de la ville fût exclusivement affectée à une spécialité d'appellations : le 1er arrondissement, dont les Tuileries sont le centre, prendrait exclusivement des noms empruntés à l'histoire politique ; le 2e, qui renferme les halles, des noms d'agronomes, d'éleveurs, de commerçants ou même de gourmets célèbres ; le 5ᵉ et le 6ᵉ, où sont les grandes écoles et l'Institut, des noms de savants de tout ordre ; et ainsi de suite : de manière que chacun puisse, connaissant l'ordre de nomenclature convenu, savoir, au nom seul d'une rue, dans quelle région de la ville elle est située.

« D'autres enfin, épris de la topographie et des énigmes si attrayantes du vieux Paris, ont réclamé le rétablissement des anciennes dénominations disparues, afin de faire revivre les hommes et les choses du passé. Ils voudraient voir reparaître toutes les appellations que contient et qu'a groupées d'une façon si fantaisiste, à la fin du treizième siècle, « le Dict des rues de Paris » du poète Guillot. »

Je ne demande pas qu'on en revienne au « Dict des rues de Paris », du poète Guillot, mais je ne souscris pas plus que le savant rapporteur dont je vous ai cité une page, aux deux autres systèmes.

La ville de Paris n'a pas à faire, par les noms de ses rues, un cours d'histoire, de géographie ou de politique. La ville de Paris doit, avant tout, garder sa propre histoire ; or, on altère cette histoire quand on supprime des noms qui ont leur place dans ses annales ou qui rappellent son ancienne topographie.

Je ne donnerai que quelques exemples.

Paris a, plusieurs fois, étendu son enceinte, et il faut s'en réjouir. Il y a des rues dont les noms en gardent encore la trace : rue des Fossés-Saint-Jacques, des Fossés-Saint-Marcel, des Fossés-Saint-Bernard. Elles indiquent les limites de l'enceinte de Charles V et de Charles VI. Mais pourquoi n'avons-nous plus la rue des Fossés-Saint-Victor? On l'a englobée dans la rue du Cardinal-Lemoine. Je loue la ville de Paris d'avoir maintenu le nom de Cardinal-Lemoine à la rue qui a été ouverte sur l'ancien collège créé par le cardinal Lemoine, vers 1308; mais il était inutile de l'étendre jusque sur la rue des Fossés-Saint-Victor.

De même, au nord de Paris, il y avait la rue des Fossés-Montmartre; on l'appelle aujourd'hui rue d'Aboukir. Elle marquait la limite de la ville de ce côté.

La rue des Fossés-du-Temple, qui rappelait les limites du Temple, se nomme rue Amelot.

Et, pour l'histoire, pourquoi donc supprimer le nom de place de Grève? La place de Grève était assez célèbre, et on n'avait pas besoin de remplacer ce nom par celui de place de l'Hôtel-de-Ville pour apprendre que le monument qui est là est l'Hôtel de Ville.

La rue d'Enfer, on en a fait la rue Denfert-Rochereau...

M. Clamageran. C'est un hommage très mérité!

M. Wallon. Je m'y associe parfaitement; mais on pouvait rendre cet hommage sans en faire une sorte de calembour analogue à ce qu'on a fait sous la Révolution quand on a appelé Montmartre, Mont-Marat.

Il y avait encore, sur la montagne Sainte-Geneviève, une rue qu'on appelait la rue des Sept-Voies. Elle portait ce nom dès le treizième siècle, parce qu'il y avait sept voies qui y aboutissaient. On a supprimé ce nom. On se sera dit sans doute : Pourquoi rue des Sept-Voies? il n'y en a plus qu'une! Comme on se sera dit : Pourquoi les noms de Fossés-Saint-Victor, de Fossés-Montmartre? Il n'y a plus de fossés. Mais c'est précisément pour cela qu'il fallait garder ces noms. Si un enfant demande : Pourquoi est-ce qu'on appelle cette rue « rue des Fossés » puisqu'il n'y a plus de fossés? — l'instituteur répondra : On l'a appelée rue des Fossés parce que là étaient autrefois les limites de Paris. On pourrait donner ainsi à l'enfant le sentiment de l'agrandissement de la ville. (*Interruptions à gauche.*)

Cette rue des Sept-Voies avait d'ailleurs sa place dans l'histoire de l'Université; elle comptait trois collèges, le collège de la Merci, le collège de Reims, et un autre où s'étaient

tenues les premières réunions de la Ligue.
On l'a appelée rue Valette.

Je suis charmé que cet hommage ait été rendu à l'éminent professeur de l'Ecole de droit, à notre sympathique collègue de l'Assemblée législative; mais pourquoi lui attribuer une rue ancienne? Depuis vingt et trente ans, on a ouvert assez de rues nouvelles dans Paris pour qu'il y ait là de quoi suffire à toutes les gloires de plusieurs empires et de plusieurs républiques.

Je crois, messieurs, qu'il faut, en principe, respecter l'état civil des rues. On devrait y appliquer les mêmes formes qu'aux changements de noms de citoyens. Il y a là des souvenirs de la ville que nos pères ont habitée, et le respect des anciens nous commande de n'y pas toucher à la légère.

Ce que je dis peut s'appliquer à d'autres villes qu'à Paris. En effet, depuis que cette interpellation est annoncée, il m'arrive des lettres et des articles de journaux où l'on se plaint de cette manie de débaptisation qui sévit partout en province. Mais ce n'est pas là la question que j'ai à traiter, et M. le ministre de l'intérieur est mieux que moi en mesure de la résoudre. Il trouvera sans doute bon de ne se prêter à ces changements de noms de rues que dans des cas d'absolue nécessité.

Ce que je viens de dire s'applique à d'anciens arrêtés, et le nom de « rue Valette » l'indique assez; car ce n'est assurément pas aujourd'hui que le conseil municipal de Paris mettrait une rue de Paris sous l'invocation d'un membre du centre gauche !

J'en viens à l'arrêté qui m'a particulièrement provoqué à faire cette interpellation. C'est un arrêté du 18 avril qui a été publié dans le *Bulletin municipal officiel* du 14 juin.

Je vois en tête la rue de Lourcine. Elle s'appellera rue Broca. Pourquoi supprimer le nom de cette ancienne rue ? Assurément ce n'est pas pour jouer un mauvais tour à notre excellent auteur comique Eugène Labiche; sa spirituelle et amusante comédie *L'affaire de la rue de Lourcine* n'y perdra pas son nom ! Mais vous déroutez ceux qui s'occupent de l'histoire de la Révolution. Il y avait un ancien couvent, le couvent des « Dames anglaises de la rue de Lourcine, » qui a été une de ces vingt-cinq ou trente prisons à suspects que la Révolution créa pour se dédommager d'avoir détruit la Bastille. Comment l'aller chercher maintenant dans la rue Broca ?

Et pour Broca je dirai ce que j'ai dit pour Valette. On pouvait trouver facilement une rue nouvelle pour lui donner le nom de l'illustre médecin; il y avait précisément une rue nouvelle, allant de la rue Serpente au boulevard Saint-Germain, au lieu même où les amis de Broca lui ont élevé une statue.

Cette rue, on l'a appelée rue Danton.

Un sénateur à gauche. Parce qu'il y a habité.

M. Wallon. C'est ici, — j'ai eu l'honneur de le dire à M. le ministre de l'intérieur — c'est ici mon principal grief. (*Ah ! ah ! sur quelques bancs à gauche.*)

Donner le nom d'un homme, le nom d'un événement à une rue, c'est évidemment vouloir honorer cet homme, célébrer cet événement. Danton est une grande puissance de la Révolution, et il a toutes mes sympathies lorsque, au risque de se perdre lui-même, il cherche à arrêter la Révolution sur la pente où il l'a jetée ; quand il s'élève contre les excès de ce fanatisme anti-religieux qui a été la passion malheureuse, et on pourrait dire la funeste toquade, des révolutionnaires dans tous les temps ; quand, écœuré par les débauches du culte de la Raison, il met fin d'un mot au scandale de ces processions sacrilèges qui étalaient devant la Convention les dépouilles des églises, en les appelant, de leur vrai nom, des mascarades.

Je suis pour lui, lorsque Robespierre,

voyant sa popularité prête à sombrer, lui tend la main pour l'enfoncer davantage... (*Rumeurs à gauche.*)

M. le baron de Lareinty. C'est de l'histoire !

M. Wallon. ...lorsqu'on l'arrête nuitamment sans lui permettre, sous prétexte de traitement égal pour tous, d'être entendu par la Convention qui probablement ne l'aurait pas laissé prendre ; lorsqu'on l'associe à une bande d'hommes plus ou moins tarés devant le tribunal révolutionnaire ; qu'on ajourne perfidement sa défense et qu'au moment où il croit pouvoir parler on étouffe sa voix, cette voix puissante dont les vibrations eussent secoué les jurés sur leurs bancs et les juges sur leurs sièges ; lorsque les juges, n'osant pas lui lire en face son arrêt de mort, obtiennent un décret spécial qui leur permette de le mettre hors des débats, de telle sorte que le même huissier qui va lui signifier son arrêt entre deux guichets le livre au bourreau !

Oui, dans toutes ces circonstances, Danton a mes sympathies et j'ai eu l'occasion de les exprimer.

Mais il y a une chose qui domine toute la vie de Danton : ce sont les journées de septembre ; c'est Danton qui en est ou l'auteur principal ou le principal complice...

M. Dide. Ce n'est pas exact !

M. Wallon. C'est lui qui, le 28 octobre, obtint ce décret des visites domiciliaires au moyen desquelles, les 29 et 30 août, on remplit les prisons pour les vider, comme vous le savez, au 2 septembre. C'est lui qui autorise même par son absence et qui couvre, pour ainsi dire, de son ombre les massacres accomplis dans les prisons.

On ne peut plus dire aujourd'hui que ce soit l'effet d'un soulèvement populaire. M. Mortimer-Ternaux a donné les pièces qui établissent le véritable caractère du massacre. (*Bruit à gauche.*—(*Très bien! à droite.*)

Un sénateur à gauche. Cela n'a pas de rapport avec les noms de rues de Paris !

M. le baron de Lareinty. Répondez donc à cela ! C'est de l'histoire !

M. Wallon. Comment, cela n'a pas de rapport avec les noms des rues, alors qu'on a donné le nom de Danton à une des rues de Paris !

M. Garran de Balzan. On a bien fait !

M. Wallon. On a bien fait ! Vous viendrez le montrer tout à l'heure.

M. Garran de Balzan. Danton est le plus grand caractère de la Révolution !

M. Wallon. Vous viendrez à la tribune défendre ses assassinats.

M. Dide. Vous savez bien que Royer-Collard disait, en parlant de Danton, qu'il avait une âme magnanime, et Royer-Collard n'était pas un révolutionnaire.

M. Wallon. Il est très malheureux que cette âme magnanime ne se soit pas révélée le 2 septembre. (*Interruptions à gauche.*)

Vous viendrez tout à l'heure me répondre.

Je dis donc qu'on a aujourd'hui toutes les pièces qui établissent le caractère de ces journées ; c'est un massacre préparé à loisir et exécuté par la commission de surveillance de la Commune de Paris ; qui s'accomplit pendant cinq et six jours sous la direction de la Commune et par des gens à la solde de la Commune, en présence de la population de Paris frappée de stupeur, de l'Assemblée muette et de Danton, ministre de la justice, sachant tout et se croisant les bras. Et ce ne fut pas la faute de Danton si les massacres commencés à Paris ne se répandirent pas dans la province. Vous connaissez la circulaire qui fut expédiée sous le couvert et le contre-seing du ministère de la justice, et il est difficile de croire qu'elle soit ainsi partie du ministère de la justice si Danton n'y eût pas consenti. (*Très bien ! très bien ! à droite.*)

La participation de Danton à ces massacres... (*Exclamations et bruit à gauche.* —

Très bien! très bien! à droite) ... est tellement peu niable qu'un des principaux panégyristes de Danton, acceptant le fait, en a tiré pour lui un sujet d'éloge.

Je vais vous lire, messieurs, une page de M. Bougeart. (*Bruit à gauche. — Parlez! parlez! à droite.*)

Un sénateur à gauche. En tout cas, Danton a payé ses erreurs de sa tête.

M. Wallon. Voici ce que dit M. Bougeart :

« La machine était lancée avec trop de force pour qu'un homme pût l'arrêter. Danton la laissa passer. Il le devait, car sa tâche n'était pas finie... Le ministre de la justice se devait aussi à la Révolution. Or, que serait-il advenu si, pour ne point paraître complice d'atrocités, Danton eût donné sa démission ?... Danton restant impassible, l'œil fixé sur le champ de carnage... » (*Interruptions à gauche.*)

M. Wallon. Je suis bien fâché, messieurs, de contrarier les sympathies de quelques-uns d'entre vous.

« ... les égorgeurs durent enfin s'arrêter, car la justice était là, toujours veillant, toujours armée, et demain, qui sait sur qui son glaive frappera?... »

Ce ne fut point sur les égorgeurs!

« Est-ce bien sérieusement qu'on a dit

qu'il devait prendre un drapeau et déclarer infâme quiconque menaçait les prisons? Prendre un drapeau, c'était descendre en pleine rue, se remettre au niveau de la foule, disparaître dans un océan de 300,000 hommes, et quand il en eût entraîné 100, 200, 300 mille, il n'aurait plus été là pour les 400 égorgeurs. »

Ainsi il reconnaît qu'il n'y avait que 400 égorgeurs !

« C'était justement l'espoir de tous ceux qui voulaient être assurés de l'impunité. Mais son génie l'inspira mieux, car il lui suggéra de ne pas quitter les hauteurs du pouvoir pour être aperçu de tous les points de l'insurrection... » Où était l'insurrection? « ... de guider autant que possible ce qu'il n'était plus permis de retenir. » — Les 400 égorgeurs !

« Voilà pourquoi le ministre de la justice resta dans son palais, pourquoi, comprimant sa répugnance, il put, dans un dernier et sublime effort, tendre une main ferme aux septembriseurs et leur dire : « Ce n'est pas le ministre de la justice, c'est le ministre de la Révolution qui vous remercie. »

M. le président. Monsieur Wallon, vous vous livrez à une discussion historique. A côté de ceux qui ont accusé Danton, il en est d'autres qui l'ont défendu de cette abominable action des journées de septembre. Vous comprenez que la contradiction ne peut pas s'établir à la tribune sur un fait historique.

M. Wallon. Je viens précisément ici pour défier la contradiction. (*Rumeurs à gauche.*)

Mais, messieurs, c'est un panégyriste de Danton qui parle ainsi, ce n'est pas moi.

M. Tolain. Et si on venait vous parler des horreurs de l'inquisition qui ont duré un siècle !

Un sénateur à gauche. C'est un cours d'histoire à l'usage des élèves du Père Dulac.

M. Wallon. Adressez-vous à M. Bougeart, c'est son texte que je lis. Je continue :

« Ne comprend-on pas que ces paroles tant incriminées devaient faire sentir aux égorgeurs que leur tâche était achevée... » (*Bruit à gauche.*)

M. le baron de Lareinty. Ils avaient tout tué.

M. Wallon. « ...qu'ils eussent à se retirer, à déposer le couteau pour prendre le fusil ? » — Pour l'honneur de nos armées, disons que les massacreurs n'eurent rien de commun avec ceux qui, sous les ordres de Dumouriez et de Kellermann, ont défendu nos frontières : « Ceux qui partirent, dit Michelet, furent reçus de l'armée avec horreur et dégoût. »

Je sais bien qu'aujourd'hui on ne prend pas aussi résolument, aussi crânement son parti de cette attitude de Danton aux journées de septembre; on argue de son effacement, on met tout sur le compte de « l'aveugle colère de Paris », on attribue aux volontaires ce mot : « Partirons-nous, laissant derrière nous des ennemis qui égorgeront nos enfants et nos femmes? » C'est calomnier le peuple de Paris et faire injure aux volontaires; et cela est absolument démenti par les faits : il ressort de tout l'ensemble des faits que ce massacre n'eut en aucune sorte le caractère d'un massacre populaire.

Y a-t-il rien qui trahisse une effervescence populaire dans cette forme d'exécution par jugement telle qu'on la pratiqua à l'Abbaye et à la Force, par exemple? avec cette formule de jugement qui semble convenue des deux côtés : A l'Abbaye : « Conduisez monsieur à La Force ! » Et à la Force : « Conduisez monsieur à l'Abbaye ! »

C'était l'arrêt de mort.

C'est un massacre administratif. Il se fait sous la protection et, quelquefois, sous la présidence des membres de la Commune de Paris. (*Rumeurs à gauche. — Très bien! à droite.*)

Vous voulez des textes ? Je vais vous en donner. (*Exclamations à gauche. — Parlez! parlez! à droite.*)

M. le baron de Lareinty. Vous ne connaissez pas l'histoire, on va vous l'apprendre !

M. Wallon. Voici ce que Panis et Sergent, deux administrateurs de la Commune, écrivent aux gens de l'Abbaye :

« Au nom du peuple, mes camarades, il vous est enjoint de juger tous les prisonniers de l'Abbaye sans distinction, à l'exception de l'abbé Lenfant que vous mettrez dans un lieu sûr. »

L'abbé Lenfant était le frère d'un des membres du comité d'exécution.

M. Garran de Balzan. Demandez la revision du procès de Danton, ce sera plus simple.

M. Wallon. Vous pourrez me répondre, mais je vous prie de ne pas m'interrompre.

M. Tolain. Si c'est un cours d'histoire de France qu'on veut faire à la tribune, nous étalerons, à notre tour, les crimes de la monarchie.

M. Clamageran. Nous parlerons de la Saint-Barthélemy !

M. Tolain. Nous ferons à la tribune l'histoire de tous ceux de nos rois qui ont été des bandits et des criminels !

M. Wallon. Je vous ai cité la lettre du comité d'exécution...

M. Tolain. Qu'est-ce que cela prouve?

M. Wallon. Cela prouve que le comité y avait mis la main. Mais Manuel, le procureur de la Commune, et son substitut, Billaud-Varenne, viennent à l'Abbaye, et on sait pour Billaud-Varenne le langage qu'il tint, d'après trois témoignages concordants.

Je prends le texte de l'abbé Sicard que Louis Blanc a adopté.

Que vient faire Billaud-Varenne ? Vient-il suspendre le massacre ? Non ! Il vient reprocher quelques incorrections aux égorgeurs; il vient leur représenter qu'il faut agir un peu en honnêtes gens... (*Exclamations à gauche*)... et voici ce qu'il dit :

« Mes amis, mes bons amis, la Commune m'envoie vers vous pour vous représenter que vous déshonorez cette belle journée. On lui a dit que vous voliez ces coquins d'aristocrates après en avoir fait justice. Laissez tous les bijoux, tout l'argent et tous les effets qu'ils ont sur eux pour les frais du grand acte de justice que vous exercez. On aura soin de vous payer comme on en est convenu avec vous. »

C'est qu'en effet, on était convenu d'un

salaire, et ce salaire fut payé; on a les mandats de la Commune de Paris; on a les reçus…

M. Milliard *et plusieurs sénateurs.* A la question !

M. Wallon. La question, c'est que je demande que le nom de Danton ne flétrisse pas une rue de Paris. (*Exclamations et interruptions à gauche.*)

M. Garran de Balzan. Le nom de Danton honore la rue qui le porte.

M. Wallon. On a discuté sur le caractère de ces bons. Voici un témoignage qui le détermine d'une façon absolument irrévocable. Dans le dossier des assassins de septembre, on a trouvé une liste de dix-huit individus, ainsi intitulée :

« Noms des personnes qui ont exigé par la violence un salaire pour avoir fait périr les prêtres qui étaient détenus à Saint-Firmin, dans la journée du 3 septembre 1792, l'an IV de la liberté et le Ier de l'égalité. »

Remarquez cette date qui indique que la pièce est bien certainement du temps, car on ne s'est servi de cette manière de compter que du 10 août au 22 septembre. La pièce est donc absolument authentique. Il y a du reste, messieurs, un témoignage…

M. Tolain. Il faudrait alors effacer des

rues de Paris le nom des d'Orléans...
(*Bruit.*)

M. Wallon. Voulez-vous me permettre, monsieur Tolain, de continuer? Tout à l'heure, si vous voulez prendre la parole, je vous écouterai et vous répondrai.

M. Tolain. Oh! non, je ne vous répondrai pas, cela m'entraînerait trop loin.

M. Wallon. Il y a un témoin qui est certainement d'une autorité incontestable : c'est le maire de Paris, Pétion.

Il pouvait se trouver un peu embarrassé de l'attitude qu'il avait eue en ces journées. Il avait été « vaguement » instruit du massacre le 2 septembre. Quand on lui apporta des renseignements plus précis, on ajouta en même temps, dit-il, que tout était fini. Cependant, le lendemain, on vint lui dire que le massacre continuait; il envoie alors des ordres à Santerre, commandant de la force armée de Paris, qui était beau-frère de Panis, membre du comité d'exécution. Enfin, le cinquième jour, remarquez cette date, le 6 septembre, comme cela durait encore, il se décide à venir à La Force et voici ce qu'il dit :

« Je vais au conseil de la Commune. Je me rends de là à l'hôtel de La Force avec plusieurs de mes collègues. Des citoyens paisibles obstruaient la rue qui conduit à la prison; une très faible garde était à la porte; j'entre!.. non, jamais ce spectacle ne s'effacera de mon cœur! je vois deux officiers revêtus de leur écharpe, je vois trois hommes tranquillement assis devant une table, les registres d'écrous ouverts et sous leurs yeux, faisant l'appel des prisonniers; d'autres hommes les interrogeant; d'autres faisant fonctions de jurés et de juges; une douzaine de bourreaux, les bras nus couverts de sang, les uns avec des massues, les autres avec des sabres et des coutelas qui en dégouttaient, exécutaient à l'instant ces jugements.

« Et les hommes qui jugeaient et les hommes qui exécutaient avec la même sécurité que si la loi les eût appelés à remplir ces fonctions! ils me vantaient leur justice, leur attention à distinguer les innocents des coupables, les services qu'ils avaient rendus; ils demandaient, pourrait-on le croire? ils demandaient à être payés du temps qu'ils avaient passé. J'étais réellement confondu de les entendre. Je leur parlai le langage austère de la loi, je leur parlai avec le sentiment de l'indignation profonde dont j'étais pénétré. Je les fis sortir tous devant moi; j'étais à peine sorti moi-même qu'ils y rentrèrent. Je fus de nouveau sur les lieux pour les en chasser; la nuit, ils achevèrent leur horrible boucherie. »

Eh bien, messieurs, voici un témoin autorisé, ce me semble, c'est le maire de Paris qui vient sur les lieux, qui voit ce qui se passe... et quel jour ? Le cinquième jour des massacres, le 6 septembre !

Vous trouvez dans ce témoignage le résumé de tout ce que j'indiquais tout à l'heure : le peuple de Paris étranger à ces massacres, simple spectateur, la présidence des membres de la Commune, le jugement par jurés, et les bourreaux exécutant ce jugement, le salaire des bourreaux. Tout est dans ce récit et personne n'y peut contredire ; il n'y a pas de discussion historique, il n'y a pas d'esprit de système qui puisse prévaloir contre une pareille attestation. La seule chose que Pétion n'indique pas, c'est l'origine du massacre : « Ces assassinats, dit-il, furent-ils commandés ? Furent-ils dirigés par quelques hommes ? J'ai eu des listes sous les yeux, j'ai reçu des rapports, j'ai recueilli quelques faits et si j'avais à prononcer comme juge, je ne pourrais pas dire : Voilà le coupable. »

Mais il ajoute :

« Je pense que ces crimes n'eussent pas eu un aussi libre cours, qu'ils eussent été arrêtés, si tous ceux qui avaient en main les pouvoirs et la force les eussent vus avec horreur ; mais, je dois le dire, plusieurs de ces hommes publics, de ces défenseurs de la patrie, croyaient que ces journées désastreuses et déshonorantes étaient nécessaires, qu'elles purgeaient l'empire d'hommes dangereux, qu'elles portaient l'épouvante dans l'âme des conspirateurs, et que ces crimes odieux en morale étaient utiles en politique.

« Oui, voilà ce qui a ralenti le zèle de ceux à qui la loi avait confié le maintien de l'ordre. »

Vous le voyez! il ne veut point se risquer dans des accusations personnelles. Il y avait cependant un gouvernement qui devait répondre de ce qui se passait là. Quel était ce gouvernement?

« En fait — dit un des panégyristes de Danton — Danton fut le chef du gouvernement français depuis le 10 août, jour de la chute de la royauté, jusqu'à la fin de septembre même année, époque où il remit sa démission à l'Assemblée nationale. »

C'est ce qui le condamne. Quoi! s'il l'avait voulu, il n'aurait pas pu, pour balayer les égorgeurs, former quelques compagnies de ces volontaires qu'il avait harangués au Champ de Mars?...

M. Dide. Vous savez bien que Danton n'avait pas à sa disposition la force publique, puisqu'il n'était pas ministre de l'intérieur et que c'était Roland qui occupait ces fonctions.

M. Wallon. Je sais bien que Danton n'était pas ministre de l'intérieur; mais je sais qu'il était tout dans le Gouvernement.

M. Dide. Mais non !

M. Wallon. Je dis et je répète : Quoi ! s'il l'avait voulu, il n'aurait pas trouvé dans ces volontaires...

M. Garran de Balzan. A la question !

M. Wallon. ...ou, à défaut des volontaires, dans les gardes nationaux, dans le bataillon de la section des Piques (place Vendôme) ou des Filles-Saint-Thomas, quelques compagnies pour venir balayer ces misérables ! Ne pouvait-il pas disposer des gendarmes des tribunaux, qui, ceux-là, étaient sous sa main ?

Mais que parlé-je de gendarmes, de gardes nationaux et de volontaires ? Pétion, qui était un pauvre homme, venant à la Force, chasse les égorgeurs, il les fait disparaître devant lui, rien que par sa seule présence. Le massacre dura cinq jours, du 2 au 6 septembre, et durant ces cinq jours Danton ne parut pas...

M. l'amiral Peyron. Et Roland ? (*Rires à gauche.*)

M. Tolain. Il ne donne pas sa démission.

M. Wallon. En vérité à force de vouloir

justifier Danton, on en fait une espèce d'être pusillanime et nul. Etant donné le caractère de Danton, s'il a connu les massacres, s'il les a soufferts, il les a voulus. Il a connu les massacres, il les a soufferts, donc il les a voulus.

Cela est si vrai, que les historiens les plus avoués de la Révolution, Michelet, Edgard Quinet, Louis Blanc, ont reconnu cette complicité de Danton dans les journées de septembre. Ils sont amis de Danton, mais la vérité avant tout : *Amicus Danton, sed magis amica veritas...*

M. Dide. Vous n'avez pas la possession exclusive de la vérité : votre thèse a été contredite.

M. Wallon. Venez, je vous prie, la contredire à la tribune, je ne demande pas mieux.

M. Hervé de Saisy. L'histoire a marqué Danton d'une tache de sang.

M. Wallon. Michelet reconnaît la participation de Danton aux journées de septembre quant à la préparation, quant à l'exécution et même quant à l'extension du massacre à la province :

Voilà ce qu'il dit pour la préparation :

« Personne ne doutait du massacre, Robespierre, Tallien et autres firent réclamer aux prisons quelques prêtres, leurs anciens professeurs. Danton, Fabre-d'Eglantine, Fauchet sauvèrent aussi quelques personnes. »

Danton savait donc le sort qui attendait les autres dans les prisons. — Pour l'accomplissement du massacre, voyez le chapitre qui a pour sous-titre : « *Terreur universelle dans la nuit des 2 et 3 septembre. Inertie calculée de Danton.* »

L'auteur passe en revue les partis que Danton pouvait prendre au milieu du massacre; il en écarte deux :

« Restait, ajoute-t-il, un troisième parti, celui de l'orgueil, de dire que le massacre était bien, que la Commune avait raison ; ou même de faire entendre qu'on avait voulu le massacre, qu'on l'avait ordonné, que la Commune ne faisait qu'obéir. Ce troisième parti, horriblement effronté, avait ceci de tentant qu'en le prenant, Danton se mettait à l'avant-garde des violents, se subordonnait Marat, écartant les vagues dénonciations dans lesquelles on essayait de l'envelopper.

« Il y avait, je l'ai dit, du lion dans cet homme, mais du dogue aussi, du renard aussi. Et celui-ci, à tout prix conserva la peau du lion. »

Pour ce qui touche l'extension des massacres en province, l'auteur discute si la lettre provocatrice est de tout le comité de surveillance ou seulement de Marat. Mais quant au rôle de Danton dans l'envoi, il ne le met pas en doute :

« Enfin, dit-il, en supposant que la circulaire émanât réellement de ce comité, pouvait-il faire un acte si grave, adresser à la France ces terribles et meurtrières paroles sans y être autorisé par le conseil général de la Commune? Voilà ce que Danton devait examiner; il n'osa le faire. Disons-le — c'est la parole la plus dure pour un homme qui toute sa vie eut l'ostentation de l'audace — il eut peur devant Marat.

« Peur de rester en arrière, peur de céder à Marat et à Robespierre sa position d'avant-garde, peur de paraître avoir peur !

« Faut-il supposer aussi qu'il était parvenu à se faire croire à lui-même que cette barbare exécution était un moyen d'aguerrir le peuple, de lui donner le courage du désespoir, de lui ôter le moyen de reculer? qu'il le crut le 2, lorsqu'on massacrait les prisonniers politiques? qu'il le crut le 3, le 4, lorsqu'on massacrait les prisonniers de toute classe? Il accepta jusqu'au bout l'horrible solidarité. Misérable victime, dirai-je, de l'orgueil et de l'ambition, ou d'un faux patriotisme qui lui fit voir dans ces crimes insensés le salut de la France! »

L'auteur raconte alors ces scènes abominables de Bicêtre où quarante-trois jeunes détenus de treize à dix-sept ans — on a leurs noms et leur âge — furent égorgés, assommés, dans des circonstances atroces : « Voyez-vous, dit l'un des témoins, en racontant ces horreurs, c'est qu'à cet âge la vie tient bien ! » Il raconte les scènes de la Salpêtrière où trente-cinq femmes furent égorgées avec viol avant ou après l'égorgement.

Un sénateur à gauche. Le père Loriquet avait déjà fait une histoire dans ce genre-là.

M. Wallon. C'est à Michelet que cette allusion s'applique !

Edgard Quinet ne croit pas à l'initiative de Danton, mais ce qu'il dit de lui ne le décharge guère. Il ne lui en rapporte pas la pensée première; mais il ne l'en absout pas pour cela :

« Danton aussi se soumit à Marat, car on a beau dire qu'on trouve partout l'influence de Danton dans les journées de septembre, le vrai est qu'il n'a nulle part l'initiative de la conception. Il obéit, il sert, il ferme honteusement les yeux, il laisse couler et tarir le sang. Il en garde aux mains une tache éternelle, etc. »

Et, sur le dessein de septembriser la France entière :

« Danton laisse partir cette invitation au carnage sous le sceau du ministre de la justice. Les massacres se répètent en province à Reims, à Meaux, par imitation. A Versailles, les prisonniers ramenés d'Orléans sont égorgés jusqu'au dernier. »

Enfin, Louis Blanc, le grand admirateur de Danton, dit :

« Entre Danton concourant aux massacres parce qu'il les approuve et Robespierre ne les empêchant pas, quoi qu'il les déplore, je n'hésite pas à le déclarer, le plus coupable, c'est Robespierre. » — Soit ! Mais il reste « Danton concourant aux massacres parce qu'il les approuve. »

Eh, messieurs, aujourd'hui on a pour les principaux auteurs et acteurs des journées de septembre des scrupules qu'eux-mêmes n'ont pas eus. Ils ne s'en vantaient pas trop à la Convention, car à la Convention arrivait déjà le cri de la province contre les septembriseurs, et les Girondins étaient là qui s'en faisaient les interprètes ; mais aux Jacobins, ils étaient plus à l'aise.

Le 5 novembre 1792, le jour où Robespierre se défendit, à la Convention, contre les attaques de Louvet, il vint, le soir, aux Jacobins. Là, Manuel, qui n'avait pas pu lire son discours à la Convention, vint exposer son rôle dans les funèbres journées.

M. Madignier. Nous sommes au Sénat,

nous ne sommes pas à la Sorbonne : c'est un cours d'histoire que vous faites là !

M. Tolain. Un cours de mauvaise histoire !

M. Wallon. Messieurs, cette histoire aura, je l'espère, son application pratique, si les interrupteurs ne savent pas mieux la démentir. — Collot-d'Herbois lui répond :

« Manuel a fait des observations sur la terrible affaire du 2 septembre, et j'ai été affligé de ce qu'il a dit. Il ne faut pas se dissimuler que c'est là le grand article du *Credo* de notre liberté.

« Je déplore tout ce qu'il y a de malheureux dans cette affaire ; mais il faut la rapporter tout entière à l'intérêt public.

« Nous, hommes sensibles... » — homme sensible, le futur mitrailleur de Lyon ! — « Nous, hommes sensibles qui voudrions ressusciter un innocent, pourrions-nous admettre, en principe, comme Manuel, que les lois ont été violées dans cette journée, que l'on n'y a compté que des bourreaux...

« Sans cette journée, la Révolution ne se serait jamais accomplie. »

Et Fabre d'Eglantine, le secrétaire général de Danton au ministère de la justice... (*Vives exclamations à gauche : Assez ! assez ! — A droite : Parlez ! parlez !*)

...Fabre d'Eglantine, reprochant à Robespierre de s'être laissé prendre au piège de Louvet et d'avoir essayé de distinguer le 2 septembre du 10 août :

« Il faut le déclarer hautement, ce sont les mêmes hommes qui ont pris les Tuileries, qui ont enfoncé les prisons de l'Abbaye, celles d'Orléans et celles de Versailles. »

M. Tolain. Il faudra limiter le temps pour les interpellations !

M. Wallon. Ainsi, messieurs, vous êtes avertis. Si dans deux ans on vous demande de célébrer le centenaire du 10 août, n'enlevez pas les girandoles de gaz, et gardez les lampions, car trois semaines après, on viendra vous demander de les rallumer pour célébrer le centenaire du 2 septembre. (*Très bien! très bien! à droite. — Bruit et protestations à gauche. — La clôture!*)

M. Wallon. Danton a-t-il tenu sur ces journées un autre langage ?

Reportez-vous au discours qu'il prononça dans la Convention le jour où fut établi le tribunal révolutionnaire de Paris. Pour faire voter cette fatale création, il évoque le souvenir des journées de septembre :

« Dans des circonstances plus difficiles, quand l'ennemi était aux portes de Paris, j'ai dit à ceux qui gouvernaient alors : Vos discussions sont misérables, je ne connais que l'ennemi, battez l'ennemi. Je leur disais : Eh! que m'importe ma réputation! que la France soit libre et que mon nom soit flétri; que m'importe d'être appelé buveur de sang! Eh bien buvons le sang des ennemis de l'humanité, s'il le faut, combattons, conquérons la liberté! »

Ce n'est pas ainsi que l'on conquiert la liberté! mais qu'est-ce que la flétrissure qu'il accepte? Qu'est-ce que le sang qu'il a bu? C'est le sang des victimes de septembre! Il y a dans ces paroles une justification et une confession aussi; une confession hautaine à la manière de Danton, jetée en forme de défi, mais enfin une confession; et, lors même qu'il se serait tu, le sang versé crierait contre lui.

Danton est donc bien l'homme des journées de septembre. Les journées de septembre sont la page capitale de son histoire; on ne peut prononcer son nom sans en évoquer le souvenir. Donner son nom à une rue de Paris, c'est glorifier Danton et avec lui le souvenir de ces journées qui se rattachent inséparablement à sa mémoire; et pour donner ce nom à une rue qui vient déboucher sur le boulevard Saint-Germain à quelques pas de l'Abbaye, près du lieu où s'accomplirent les massacres, il faut —

je puis me servir des paroles de Danton lui-même — il faut de l'audace, encore de l'audace et toujours de l'audace! (*Très bien! très bien! à droite.* — *Rumeurs à gauche.*)

Toujours de l'audace, et en effet, ce n'est pas tout. Il y a une délibération du Conseil municipal de Paris en date du 11 novembre 1887; on proposait la démolition de la chapelle expiatoire et l'érection de la statue de Danton sur l'emplacement même, et voici la raison qu'en donne un des conseillers, M. Pétrot :

« La raison pour laquelle nous proposons l'érection de la statue de Danton à la place de la chapelle de Louis XVI, c'est que Danton en face de l'invasion provoquée par le roi s'est écrié : « Jetons-leur en défi une tête de roi. » (*A la question! à gauche.*)

Cette raison n'a pas été goûtée par M. le préfet de la Seine; il a donné d'ailleurs des motifs particuliers pour combattre la proposition en ce qui touchait la démolition de la chapelle expiatoire.

Il n'a pas dit : Cette chapelle qui s'élève en ce lieu c'est comme une tombe, et rien n'est sacré comme une tombe pour le peuple de Paris; non, mais il a dit : Ce terrain-là n'appartient pas à la ville de Paris, il appartient au Gouvernement; vous ne pouvez pas faire cela sans le Gouvernement. On n'en a pas moins voté la démolition de la chapelle expiatoire et l'érection de la statue de Danton. (*Murmures et bruit à gauche.*)

On s'est résigné pourtant à ne pas élever la statue de Danton sur le lieu de la chapelle expiatoire, mais il paraît qu'on voudrait l'ériger au débouché de cette rue Danton dont je parlais tout à l'heure, sur le boulevard Saint-Germain, à l'endroit où se trouve la statue de Broca. Le lieu serait admirablement choisi ! Danton serait là en regard de l'Abbaye, comme commandant les massacres...

M. le baron de Lareinty, *ironiquement*. Bonne idée !

M. Wallon. Si on élève cette statue, je demande à en faire l'inscription : « Danton ; les journées de septembre. » Et pour commentaire, je proposerais au sculpteur cinq ou six bas-reliefs au choix, car le piédestal ne pourrait avoir moins de six pans : « Massacre de l'Abbaye, massacre des Carmes, massacre de la Force, massacre de la Conciergerie ou du Châtelet, massacre de la tour Saint-Bernard ou de Saint-Firmin, massacre de Bicêtre, massacre de la Salpêtrière ! » (*Rumeurs à gauche. — Très bien! très bien! et applaudissements à droite.*)

Mais pour ériger une statue, il ne suffit pas d'un vote du conseil municipal, il faut un décret du Président de la République.

J'ai la confiance, monsieur le ministre, que vous ne présenterez pas au Président de la République un pareil décret; et si jamais, après vous, un autre ministre était tenté de le faire, j'ai l'assurance que le Président de la République, usant de son droit constitutionnel et fort de sa responsabilité, ne le signerait pas. (*Bruit à gauche. — Approbation à droite et sur plusieurs bancs au centre.*)

(*M. le ministre de l'intérieur, M. de Lareinty et M. Dide sont entendus.*)

M. Wallon. Messieurs, je ne viens pas apporter de nouveaux textes ni opposer historiens à historiens. Je me borne à un fait capital et dominant. Est-il vrai que Danton, comme l'a dit un auteur que j'ai cité tout à l'heure, a été le chef du Gouvernement à l'époque des journées de septembre?

M. Lucien Brun. Il était ministre de la justice, dans tous les cas.

M. Wallon. Il n'était pas seulement ministre de la justice, il était l'âme du Gouvernement.

Est-il vrai que les massacres ont duré, avec les formes que vous savez, sans effervescence populaire, dirigés ou présidés par des gens de la Commune, exécutés par des misérables travaillant tranquillement à leur besogne, pendant cinq jours entiers?

Est-il vrai que Danton, ministre de la justice et chef de l'Etat, soit resté inerte, immobile en face de ces massacres ? Je le redis : quand on veut justifier Danton de cette façon-là, on le rabaisse, on l'annule, et je répète ce que je disais tout à l'heure : Si Danton a connu les massacres, s'il les a soufferts, il les a voulus ; — il les a connus, il les a soufferts, il les a voulus. C'est là, quelle que soit l'opinion de M. Robinet ou de Larousse, c'est là ce qui reste, indépendamment des appréciations de tous les historiens.

Les faits sont là, ils sont indiscutables. Qu'on vienne donc me dire que ces massacres n'ont pas duré cinq jours ; qu'on vienne me dire que Danton n'était pas le chef du Gouvernement ! Si, maître du pouvoir (et il l'était), il n'est pas intervenu pour mettre un terme à ces assassinats, je dis qu'il en est responsable. Personne sur les bancs du ministère n'osera prétendre que, quand des choses pareilles se passent, un Gouvernement peut ainsi se croiser les bras. (*Très bien ! très bien ! à droite. — Bruit à gauche. — La clôture ! la clôture !*)

M. le président. Aucun ordre du jour n'étant présenté, pas même l'ordre du jour pur et simple, l'incident est clos.

Imp. des *Journaux officiels*, 31, quai Voltaire.

www.ingramcontent.com/pod-product-compliance
Lightning Source LLC
Chambersburg PA
CBHW061013050426
42453CB00009B/1410